EL CICLO DE VIDA DEL PRODUCTO

Optimice el desarrollo de sus productos en el mercado

Por Layal Makki
En colaboración con Anne-Christine Cadiat
Traducido por Marta Sánchez Hidalgo

Economía y empresa en50MINUTOS.es

LAS CLAVES PARA EL ÉXITO

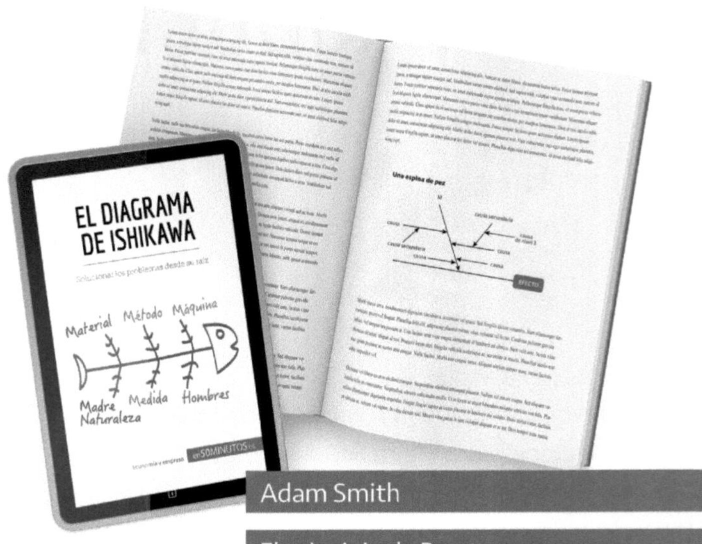

Adam Smith

El principio de Pareto

El estrés laboral

La pirámide de Maslow

EL CICLO DE VIDA DEL PRODUCTO

- **¿Denominaciones?** Ciclo de vida del producto.
- **¿Utilidad?** Al conceptualizar las diferentes fases de vida de un producto o de un servicio, el responsable, con todo conocimiento de causa, podrá centrarse estratégicamente en optimizar el desarrollo y la implementación de sus productos en un mercado. El campo del *marketing* y del comercio internacional usan este modelo en particular.
- **¿Por qué es eficaz?** Universalidad y simplicidad del modelo.
- **¿Palabras clave?**
  - Economías de escala (y rendimientos de escala): una empresa realiza economías de escala cuando el aumento de las unidades producidas coincide con una reducción de los costes por unidad de producción. Los rendimientos de escala son constantes si la producción crece en la misma proporción que los inputs financieros.
  - Inversión extranjera directa (IED): transferencias internacionales de capital realizadas por una empresa que quiere expandir, desarrollar y/o instalar sus actividades en el extranjero. Este tipo de inversión a menudo está motivado por una promesa de reducción de los costes de producción gracias a las interesantes condiciones de los países asociados: materias primas de calidad, mano de obra menos cara, nuevos mercados donde introducirse, etc.
  - Mercado: en economía, el mercado es el lugar donde

se encuentra la oferta y la demanda.
- ◦ <u>Principio de ventaja comparativa</u>: para aumentar su riqueza, cada país se especializa en la producción de los bienes con los que es más productivo y rentable. Este principio lo formaliza el economista británico David Ricardo (1772-1823) en su obra *Principios de economía política y tributación*, publicado en 1817.
- ◦ <u>Producto</u>: en economía se llama «producto» a todo bien o servicio que ha experimentado un mecanismo de producción.
- ◦ <u>Saturación del mercado</u>: cuando un mercado llega a un estado en el que los consumidores no quieren procurarse el bien o el servicio, llega a la saturación. También se llama «saturado» a un mercado por el que no exista ningún nuevo consumidor potencial.
- ◦ <u>Estandarización</u>: es la producción de un bien que tiene en cuenta las normas de referencia y que ofrece una producción conforme a los estándares de la producción.
- ◦ <u>Tasa de equipamiento</u>: en porcentaje, la tasa de equipamiento indica la relación entre el número de hogares que poseen un bien definido y la población total.

Puesto que para una empresa es primordial asignar estratégicamente sus recursos, sobre todo en materia de *marketing*, tiene que analizar constantemente el comportamiento de los clientes para valorar su percepción de los productos propuestos. Si algunos productos o servicios parecen aumentar las cifras de ventas globales, no siempre será así puesto que, sin previo aviso, pueden experimentar una depreciación fulgurante y repentina que conviene considerar para poder asegurar un equilibrio financiero de las actividades de la empresa.

Ante estas prioridades de análisis constante, el economista estadounidense Raymond Vernon (1913-1999) imagina un modelo de ciclo de vida del producto en los años sesenta. Vernon, partiendo del sencillo principio de que un bien o servicio pasa por diferentes fases comparables a las conocidas por todos los seres vivos, conceptualiza una curva de vida que abarca el nacimiento, la adolescencia, la edad adulta, la vejez y la muerte de un producto. Según él, hay que distinguir cuatro grandes fases:

- el lanzamiento;
- el crecimiento;
- la madurez;
- el declive.

De esta forma, el ciclo de vida de un producto o de un servicio puede compararse a un ciclo de vida biológico, como una semilla que plantamos y brotará antes de crecer y, finalmente, morir.

TEORÍA Y PRESENTACIÓN DEL CONCEPTO

Raymond Vernon, economista estadounidense, desarrolla en 1966 la teoría del ciclo de vida del producto con el objetivo inicial de ilustrar los cambios de especialización a los que se enfrentan los países a lo largo del tiempo. Para ello, retoma el principio de la teoría de la ventaja comparativa de David Ricardo, según la cual todos los países no poseen las capacidades tecnológicas necesarias para la búsqueda y el desarrollo de nuevos productos. Dicho de otra forma, solo los Estados que posean esta capacidad se atreverán con la producción de productos innovadores utilizando las tecnologías adecuadas. Este modelo va particularmente bien a varios tipos de productos como la radio, la televisión, la electrónica, etc.

Vernon aplica esta teoría a Estados Unidos puesto que, en los años sesenta, este país es líder en el campo de la investigación y del desarrollo: la primera fase de una cadena de producción. Las conclusiones que Vernon sacó en la época se aplican hoy a muchas otras naciones, porque ya no se considera a Estados Unidos imprescindible en materia de investigación y de desarrollo. En general, el ciclo de vida de un producto se puede aplicar a todos los productos como tales, más allá del concepto de ventaja comparativa contemplado en el marco del comercio internacional.

La teoría del ciclo de vida de un producto permite principalmente comprender los cambios de especialización a los que tendrán que enfrentarse los países que han decidido especializarse en la producción de uno o varios productos característicos.

LAS ETAPAS DE VIDA DE UN PRODUCTO

Según el teórico, un producto pasa por cuatro etapas que forman el ciclo de su vida.

- **El lanzamiento o el nacimiento.** Después del período de investigación y desarrollo que tiene lugar antes, el nuevo producto se lanza al mercado. Esta fase se caracteriza por una necesidad de financiación importante, un volumen de ventas débil, pero en crecimiento, y necesidades de promoción consecuentes para dar a conocer el producto. A escala internacional, según Vernon, el país que lo ha creado posee una ventaja comparativa en el sector de la investigación y del desarrollo. El producto dispone de un monopolio en su propio mercado antes de ser exportado a los distintos mercados extranjeros. Este monopolio provoca un precio de venta elevado.
- **El crecimiento.** A lo largo de la segunda fase, observamos una demanda en aumento del producto que causa numerosas ventas y la aparición de una competencia, sobre todo de otros países. Se trata del fenómeno de estandarización, del que ningún producto puede escapar: como desde ese momento se vende en grandes cantidades, el producto se beneficia de una economía de escala, lo que implica una disminución de los costes de producción y un aumento de los márgenes y del beneficio. Paralelamente, su precio disminuye, pero no de forma significativa. Los objetivos del *marketing* son la fidelidad de los clientes

actuales y la adquisición de nuevos.

- **La madurez.** En esta etapa, las ventas se estabilizan mientras cada productor intenta diferenciar su producto de los de los otros. Aparecen numerosas marcas y la competencia se vuelve importante. Es un período marcado por costes unitarios mínimos, un nivel de venta máximo y una guerra de precios, cuya consecuencia es la saturación del mercado: el margen de los productores disminuye y a veces están obligados a abandonar el mercado. Los responsables de *marketing* se cuidan, por su lado, de garantizar que su producto encarne el *top of mind* (el producto en el que se piensa en primer lugar), o al menos que figure entre los productos preferidos de los consumidores y que se mantenga en el mercado.
- **El declive.** Esta última etapa acaba en la desaparición del producto en el mercado. La demanda está en clara disminución, lo que también provoca una disminución de la oferta y la producción. La competencia se ha vuelto insostenible y el mercado funciona en ralentí. Esta fase se caracteriza por tres elementos: por un lado, el mercado está equipado, es decir, la tasa de equipamiento del mercado se ha saturado; por otro lado, los gustos de los consumidores cambian rápido y, finalmente, llegan nuevos productos al mercado. Los precios disminuyen de forma tan notable que se retira el producto del mercado. Los costes de *marketing* y las inversiones en investigación y desarrollo disminuyen, pero se considera a menudo el uso de las promociones del producto para eliminar las existencias e indirectamente los gastos.

Curva teórica (en forma de S) del ciclo de vida del producto

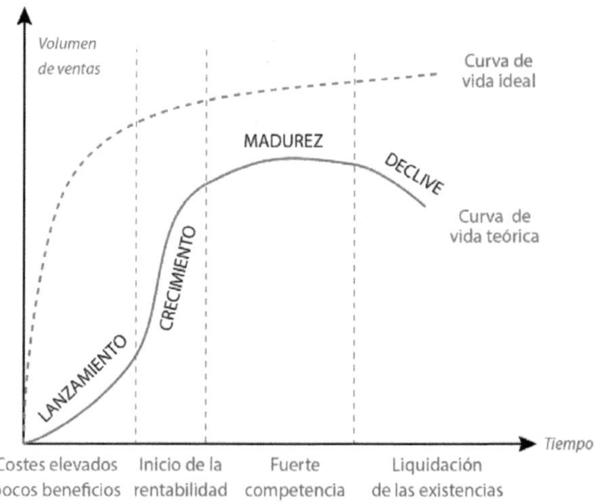

La primera fase es el lanzamiento del producto. Éste se vende en el mercado, preceda o no a las necesidades de los consumidores. En la segunda fase, la demanda tiene un gran crecimiento: las ventas aumentan a lo largo del tiempo puesto que el producto responde a una necesidad creciente de parte de los consumidores. Luego, el producto alcanza su estado de madurez, que corresponde a un período de estancamiento, puesto que el mercado llega a la saturación. La demanda del producto, motivada por la necesidad que experimenta el cliente, ocupa el lugar de éste para que un nuevo ciclo de vida del producto comience.

Los ciclos de vida atípicos

No todos los productos siguen la curva de vida en forma de
«S». Algunos, por ejemplo, no llegan a superar la fase de lanzamiento; otros fracasan en esta primera etapa, pero luego
consiguen imponerse. Otros están condenados a seguir curvas de vida particulares por su naturaleza atípica, como la
moda y los dispositivos electrónicos. Entre las curvas de vida
atípicas más frecuentes encontramos principalmente la de
doble ciclo (con dos ciclos de crecimiento y de madurez), la
de rebote (con un crecimiento irregular, pero prometedor) y,
finalmente, la de crecimiento-declive-estabilización.

Los ciclos de vida atípicos

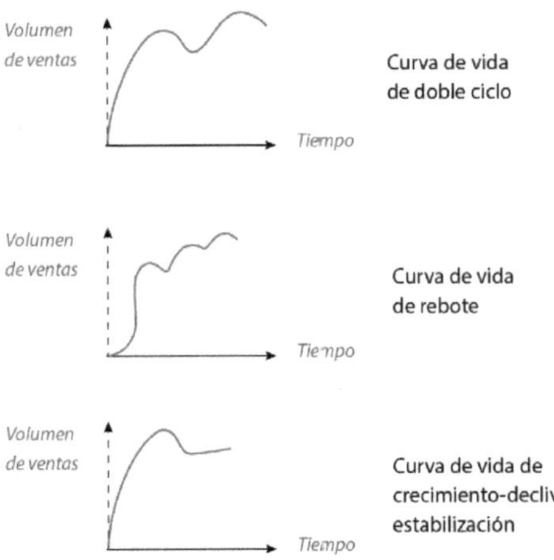

Curva de vida
de doble ciclo

Curva de vida
de rebote

Curva de vida de
crecimiento-declive-
estabilización

RELACIÓN PRODUCTO-MERCADO A ESCALA INTERNACIONAL

Aunque Raymond Vernon desarrolla este modelo a partir de su análisis de las empresas estadounidenses entre 1945 y 1960, sigue siendo un fundamento básico para los demás países. Según él, esta teoría aporta un punto de vista sobre la utilidad del comercio internacional y sobre las inversiones directas extranjeras destinadas a reemplazarlo. Así, el comercio internacional es más importante en los países que poseen una ventaja comparativa en la investigación y el desarrollo. En Grecia o en Japón por ejemplo, observamos esta tendencia en múltiples sectores, sobre todo en los de la electrónica y la petroquímica.

Este modelo presume que existe una relación entre el producto y el mercado al que se lanza. Si lo esquematizamos, podemos definir tres etapas:

La relación producto-mercado a escala internacional

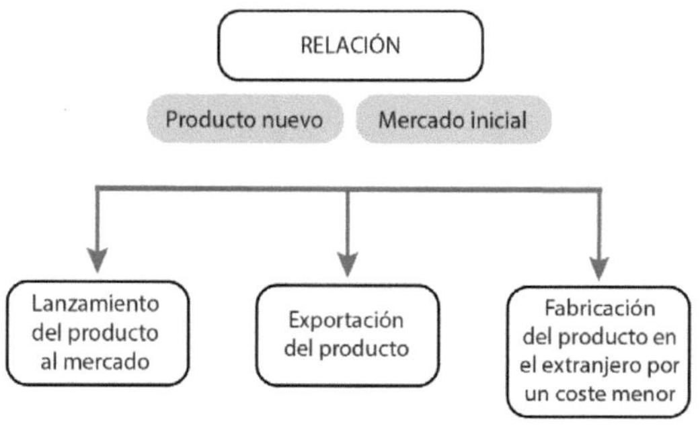

PREVENIR LA COYUNTURA

La teoría del ciclo de vida del producto es una teoría micro-económica. Presenta una explicación de las modificaciones de las estructura del mercado y también permite comprender la forma en la que varía la demanda de los consumidores. De hecho, cuando el mercado llega a un punto de saturación (en la fase de la madurez), la demanda se sitúa a nivel de la reconstitución de las existencias para prevenir una ruptura eventual y así la imposibilidad del consumidor de procurarse el bien. En cuanto a los bienes duraderos, la demanda es variable puesto que también tiene en cuenta la coyuntura. Por ejemplo, en el campo del automóvil, los consumidores esperan que la coyuntura sea favorable, aunque esto signifique aplazar la compra.

LÍMITES DEL MODELO Y EXTENSIONES

LÍMITES Y CRÍTICAS DEL MODELO

El modelo del ciclo de vida del producto tiene algunos límites. Hay que vigilar su uso.

- En primer lugar, la dificultad se sitúa a nivel de la diferencia que existe entre ciclos. Es primordial llegar a identificar el que estará en el centro del estudio y no confundir el ciclo de vida del producto con el de la categoría del producto, de la marca o de la rama. Por ejemplo, que una tableta de marca X no se venda, no es razón para que el mercado de tabletas no produzca más;
- En segundo lugar, no hay que perder de vista el plazo variable de cada etapa en función del producto. Además un producto puede, por ejemplo, no experimentar la fase de lanzamiento o de declive, o no llegar a pasar por las fases de crecimiento o de madurez;
- En tercer lugar, no podemos admitir que los costes de la investigación e innovación no tengan justificación para una empresa, puesto que es cierto que el declive de los productos alimenta la necesidad de novedad;
- En cuarto lugar, esta teoría se aplica solo a los productos nuevos. Sin embargo, no son los únicos que tienen lugar tanto en el mercado nacional como en el comercio internacional;
- En quinto lugar, hay que rechazar la idea de un ciclo de vida del producto entendido como una variable independiente que regula los productos de la primera fase de lanzamiento a la última fase de declive. La razón es sim-

ple: los responsables del *marketing* podrán actuar sobre el ciclo de vida del producto planteando estas elecciones estratégicas que permitirán optimizar su rentabilidad.

MODELOS CONEXOS Y EXTENSIONES

Teoría del ciclo de vida de la empresa

A finales del siglo XIX, el economista inglés Alfred Marshall (1842-1924) destaca cinco fases, inspiradas en la biología, por las que pasa la empresa: la creación, la puesta en marcha, la adolescencia, la madurez y el envejecimiento. En este modelo se dirige la atención al fundador de la empresa y a la naturaleza familiar de ésta. Más tarde, otros teóricos profundizarán en la concepción del ciclo de vida de la empresa (por ejemplo: Larry E. Greiner, 1972).

Teoría del crecimiento

El austríaco Joseph Schumpeter (1883-1950), cuyo mayor interés es la evolución del sistema capitalista, focaliza su obra *Teoría de la evolución económica* (1913) en el crecimiento. Según él, la innovación (productos, procedimientos, modos de producción, expectativas y materias primas) que aportan los empresarios actúa como un motor de crecimiento.

Teoría del ciclo de vida

Franco Modigliani (economista italiano-estadounidense, 1918-2003) imagina en los años cincuenta una teoría por la que estudia la evolución del consumo de los individuos a lo largo de sus vidas. Establece un vínculo entre, por un lado, el endeudamiento y el ahorro de los consumidores y, por otro lado, su edad. Según él, el patrimonio, acumulado en el período de actividad profesional, asegurará los gastos que se producirán cuando los antiguos trabajadores estén jubilados. Siguiendo esta lógica, en la juventud también utilizamos ingresos que proceden de los períodos de actividad generados por la generación anterior.

Teoría de la ventaja competitiva

Según Michael Porter (economista estadounidense nacido en 1947), la ventaja que la empresa ya posee (o está potencialmente en condiciones de tener) le procura una estrategia propia que le permite superar a sus competidores. Distingue las ventajas por los costes y las ventajas por la diferenciación. Añade que la estrategia de la empresa tiene que limitarse a una de las dos ventajas con el riesgo de fracasar en su búsqueda de liderato en su mercado.

Matriz BCG

La matriz de gestión de la oferta elaborada por el *Boston Consulting Group* es un instrumento de gestión de cartera de sectores de actividad basado en la teoría del ciclo de vida del producto. Tomando en cuenta dos elementos –la cuota de mercado de la empresa relativa al dominio de actividad y la tasa de crecimiento de la actividad– esta herramienta permite a los responsables tomar las decisiones estratégicas oportunas. El método es particularmente sencillo: abandono de los sectores de actividad menos competitivos e inversiones en los que son más prometedores.

APLICACIÓN DEL CONCEPTO

CONSEJOS Y BUENAS PRÁCTICAS

Ya hemos visto antes que como no todos los productos pasan necesariamente por las cuatro etapas que Raymond Vernon propone, se contemplan múltiples escenarios. En la práctica, es posible observar que el desarrollo de un producto nuevo es un fracaso y que, por ejemplo, la fase de lanzamiento no le permite alcanzar las otras etapas del ciclo de vida.

El ciclo de vida del producto interesa a las empresas puesto que permite una organización de la producción en función de la etapa en la que se encuentre el producto. Si éste está llegando a la fase de declive, la empresa tendrá que anticiparse a ello sin tardar, por ejemplo, en lanzar un producto nuevo al mercado que pueda reemplazarlo. Los costes de *marketing* podrán adaptarse en función de la etapa del producto: los gastos serán importantes en el lanzamiento y crecimiento, pero menores en las fases de madurez y de declive.

Un éxito diacrónico

Para asegurar una larga y fructífera vida del producto ya lanzado al mercado, hay que velar en todas las etapas para que se cumplan ciertos puntos cruciales:

- en la etapa de lanzamiento, los costes deben ser relativamente importantes puesto que hay que conseguir que el máximo de consumidores potenciales conozcan el producto. La promoción comporta la mayor parte de los gastos;

- en la etapa de crecimiento, el producto empieza a producir beneficio. Aun así, no hay que disminuir la promoción del producto. La distribución se amplía a mercados más extensos;
- la etapa de madurez, después de la etapa de crecimiento, es generalmente diacrónica. La guerra de precios está en su apogeo, mientras que la competencia sigue muy presente. Es indispensable obtener una ventaja competitiva con respecto a los otros productos presentes a la vez en el mercado objetivo;
- en la etapa del declive, el producto se vende cada vez menos, ya que la competencia es muy importante. El productor puede escoger dos opciones: o retira su producto del mercado o lo vuelve a lanzar tras modificarlo y añadirle una característica nueva. Es cierto que a esta fase no llegan todos los productos porque muchos permanecen en la etapa de madurez durante muchos años, ya que los consumidores no se cansan de la oferta y siguen siendo fieles.

Los factores del éxito

Antes de lanzarse al ruedo y de proponer un nuevo producto en un mercado determinado, Everett Rogers (especialista en el ámbito de la innovación, 1931-2004) nos invita a interesarnos por los siguientes elementos:

- **la plusvalía de un nuevo producto en relación con los preexistentes en este mercado.** Si el producto es completamente innovador y responde a una nueva necesidad,

la ventaja que procura a los consumidores se confirma;
- **la compatibilidad de la aparición de este nuevo producto para los consumidores.** Es cuestión de saber si lo que aporta este nuevo producto es compatible con los valores y normas preexistentes para que los consumidores acojan favorablemente la llegada de este nuevo producto;
- **el grado de dificultad de la utilización del producto.** Por regla general, un producto de uso sencillo tiene más posibilidades de sobrevivir en el mercado que un producto más complicado de utilizar;
- **el impacto de la versión de prueba del producto en los clientes.** Si los futuros consumidores tienen la oportunidad de probar el nuevo producto, éste tendrá más posibilidades de penetrar en el mercado;
- **la visibilidad del producto.** Es uno de los aspectos más importantes a la hora de lanzar el producto. Si se ha avisado con eficacia a los consumidores de la llegada del nuevo producto, es lógico que se posicione con más facilidad en el mercado.

De forma más general, los productores atentos se preocupan de:

- realizar un buen estudio de mercado antes de lanzarse con tranquilidad al proceso de investigación y desarrollo de un nuevo producto;
- calcular los costes financieros de la entrada de un nuevo producto en un mercado;
- evaluar la mano de obra necesaria para enfrentarse a esta nueva producción.

Estos factores hacen que la primera etapa sea posible, concretamente, el lanzamiento del producto. Sin embargo, el éxito de esta fase no garantiza la vida y aun menos la supervivencia del producto en el mercado. A lo largo de la fase de crecimiento, es importante que la empresa demuestre reactividad a las interacciones del mercado que acoge al nuevo producto. Para ello, el análisis de los resultados debe realizarse de forma continua y el producto debe poder adaptarse en todo momento en esta segunda fase. Además, es importante que la empresa planifique una campaña especial de promoción para asegurar la viabilidad del producto en el mercado.

Aunque el producto haya tenido una fase de lanzamiento sin problemas, su desarrollo no se ha terminado y continua en la etapa de crecimiento. La empresa, que ha previsto una gama de productos derivados, puede lanzarla en todo momento permitiendo así la adaptación del producto.

Estrategias para el lanzamiento

En el transcurso del lanzamiento efectivo del producto en el mercado, hay múltiples estrategias posibles:

- **la estrategia de imitación.** Comporta el riesgo de la comparación. Se trata de lanzar un producto que copia un producto ya presente en el mercado;
- **la estrategia de diferenciación.** Esta estrategia exige originalidad ya que el producto se diferenciará de la competencia por una característica innovadora;
- **la estrategia del nicho.** La diferencia se marca en esta estrategia por la entrada de un mercado de potencial

débil, pero que permanece sin explotar;
- **la estrategia de la innovación.** Es más raro lanzar un producto completamente nuevo. Como la competencia en este nuevo mercado no está presente, este nuevo producto intentará responder a una demanda nueva de parte de los consumidores.

Durante esta fase decisiva, el primer objetivo de los mánagers es hacer que un máximo de consumidores potenciales conozcan el nuevo producto. En la mayoría de los casos, es indispensable recurrir a un medio comunicacional estudiado y preciso (la publicidad) para ofrecer al producto una mayor visibilidad: los consumidores, ya informados de la salida del producto, deciden probarlo y/o comprarlo. En esta etapa, los managers no deben temer ver cómo se multiplican las cantidades que hay que invertir en la publicidad, mientras que, en contrapartida, no se observan caídas financieras.

Estrategias de crecimiento

Cuando el producto llega a su etapa de crecimiento, debe enfrentarse a un desafío nuevo: la competencia. La oportunidad de un nuevo mercado atrae a las empresas competitivas y el producto debe desmarcarse para poder resistir. En este momento el nuevo producto debe desarrollarse mejorando continuamente su rendimiento cualitativo. En esta etapa, la diversificación es necesaria y el producto debe proponer variantes que le permitirán desmarcarse.

Estrategias de madurez

Cuando el producto entra en su fase de madurez, las ventas

decaen. La creatividad de los responsables debe darles ventaja para que la competencia no los supere. Es el momento ideal para alcanzar nuevos segmentos de mercado, es decir, explotar un nuevo espacio aumentando la gama de productos propuestos. El reto es doble: conservar a los clientes que ya han conseguido, aunque también atraer a nuevos que permitirán al producto continuar su impulso.

Estrategias en la fase de declive

Durante la fase de declive y después de haber aceptado ver la caída de las ventas, la elección de los comercializadores puede tomar dos direcciones: o bien deciden lanzarse en una fase de modernización del producto, lo que le permitirá frenar la llegada de nuevos productos, o bien, simplemente, lo retiran del mercado.

ESTUDIO DE CASO: EL CICLO DE VIDA DEL FORD T

Este nuevo modelo de automóvil, creado en 1908 por la compañía estadounidense *Ford Motor Company*, revoluciona las costumbres de la clase media. El ingeniero Henry Ford (1863-1947) innova a nivel de la producción en masa mediante la creación de líneas de montaje que permiten una disminución continua de los costes de producción. La simplicidad del Ford T –con un motor encajado en un único bloque, una carrocería de chapa y un chasis a escala rectilínea – se presta particularmente bien a este tipo de producción masiva. Se estudian todos los detalles para disminuir los costes de producción y así el precio de compra. Por ejemplo, el color negro, característico de este automóvil, es el más barato del mercado y asegura una duración más larga que los otros colores. Ford llegó a decir sobre esto un día: «Cualquier cliente puede tener el coche del color que quiera siempre y cuando sea negro». Los obreros tienen puestos fijos en la línea de montaje y trabajan de forma metódica y sistemática en el chasis transportado en una cinta transportadora. El precio de venta del Ford T es asequible y no deja de caer a lo largo del tiempo.

En 19 años de existencia, este producto, que tiene pocos cambios tecnológicos, pasa por numerosas fases:

- **el lanzamiento en 1908.** La innovación de Ford es proponer un automóvil de uso sencillo a un precio asequible;
- **un crecimiento hasta 1914.** En ese momento, el proceso de producción tiene una mejora considerable: desde entonces, el montaje en cadena de un Ford T dura 1 hora 33 minutos en lugar de 12 horas y media. Esta disminución de costes de producción conlleva una bajada proporcional del precio de venta;
- **la madurez hasta 1926.** El modelo se vende bien, aunque cada vez más competidores invaden el mercado del automóvil. El futuro del Ford T está en juego en este momento crucial;
- **el declive en 1927.** Lo que era el punto fuerte de este modelo se vuelve un punto débil en vista de lo que los otros agentes del mercado proponen: la simplicidad parece anticuada ante las nuevas necesidades de los usuarios. El Ford A toma el relevo cuando se interrumpe la producción del modelo T.

El ciclo de vida del Ford T

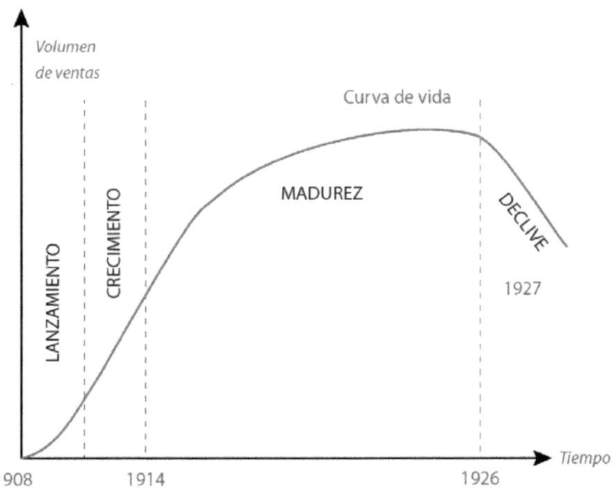

Este ejemplo del ciclo de vida del Ford T ilustra particularmente bien nuestra teoría, pero presenta también un modo de organización del trabajo elaborado por Henry Ford desde 1907, para la creación de los Ford T. Este modelo se basa en teorías como la estandarización, la producción en cadena y el aumento del poder adquisitivo de los obreros.

En la fase de lanzamiento, el fordismo permite un crecimiento de la producción de forma rápida. También permite mantener una producción considerable durante la fase de madurez. Los obreros producen un número cada vez más elevado de coches reduciendo a su vez el tiempo de producción.

La producción de los Ford T

Año	Ford T producidos	Producción	Precio
1909	10 000	1 unidad en 12 horas y media	850 $
1910	20 000	↓	
1911	30 000		
1914	440 000	1 unidad en 1 hora 33 minutos	
1917	735 000		
1922	Más de un millón al año		↓
1924	Umbral de los 10 millones superado		
1925	El 44% de los americanos tienen un Ford T		375 $
1927	Umbral de los 15 millones superado		290 $

En total, se vendieron unos 16 millones de Ford T en 19 años, casi la mitad de los automóviles de los estadounidenses en 1925. A pesar de este sistema de producción con buen rendimiento, el Ford T sufre un declive fulgurante cuando descubre, demasiado tarde, que una fuerte competencia asiática ha aparecido en el mercado. Una reacción más rápida podría haberle permitido asegurarse todavía algunos años gloriosos...

- El economista Raymond Vernon desarrolla la teoría del ciclo de vida del producto en los años sesenta en Estados Unidos, cuando el país tiene una cierta ventaja con respecto a los otros países: es el líder en el campo de la investigación y del desarrollo, campo anterior al lanzamiento de un nuevo producto.
- Según el teórico, un producto pasa por cuatro etapas que forman el ciclo de su vida (el lanzamiento, el crecimiento, la madurez y el declive), con un límite en el tiempo. La rentabilidad difiere en función de las fases del ciclo.
- Esta teoría permite principalmente comprender los cambios de especialización a los que los países deben enfrentarse.
- Ventajas: además de ofrecer una representación visual de la vida de un producto y de ayudar a los comercializadores en su trabajo de comunicación con los clientes, esta teoría permite comprender el comercio internacional y destacar la noción de ventaja comparativa. También permite concebir la necesidad de las inversiones directas extranjeras para reemplazarlo. Estas inversiones ofrecen la posibilidad de extenderse a otros mercados y reducir los costes.
- Límites: con esta teoría, es difícil diferenciar los ciclos a los que se someten los productos. Además, como lo formaliza Vernon, este sistema da a pensar que la necesidad de innovación es continua y que no tiene en cuenta otros productos aparte de los innovadores. Sin embargo, tienen un lugar significante en el mercado, aunque no

todos los productos pasen necesariamente por estas cuatro etapas;

- El ciclo de vida del producto tiene varias extensiones: la teoría de vida de la empresa desarrollada por Alfred Marshall, la teoría del crecimiento de Joseph Schumpeter, la teoría del ciclo de vida de Franco Modigliani, la teoría de la ventaja competitiva de Michael porter y la matriz BCG.
- Entre los factores de éxito a los que conviene prestar atención a lo largo de la vida del producto, encontramos la necesidad de privilegiar la experiencia del cliente (facilidad de uso, la plusvalía del producto para el cliente, la compatibilidad de los valores transmitidos por el producto y el cliente) y la visibilidad del producto.
- El ejemplo del Ford T ilustra un ciclo de vida completo de un producto innovador que se posiciona en un mercado en pleno crecimiento, antes de comenzar una fase de madurez y, finalmente, de declive.

¡Tu opinión nos interesa!
¡Deja un comentario en la página web de tu librería en línea,
y comparte tus favoritos en las redes sociales!

PARA IR MÁS ALLÁ

FUENTES BIBLIOGRÁFICAS

- Dutailly, Jean-Claude. 1983. *La dynamique du système productif*. París: Économica.
- Echaudemaison, Claude-Danièle *et al.* 2003. *Dictionnaire d'économie et de sciences sociales*. París: Nathan.
- Fenneteau, Hervé. 1998. *Cycle de vie des produits*. París: Économica.
- Grissel, Laurent y Philippe Osset. 2004. *L'analyse du cycle de vie d'un produit ou d'un service. Application et mise en pratique*. París: Afnor.
- Harrison, Andrew, Dalkiran Ertugrul y Ena Elsey. 2004. *Business international et mondialisation. Vers une nouvelle Europe*. Bruselas: De Boeck.
- Helfer, Jean-Pierre y Jacques Orsoni. 2000. *Marketing*. París: Vuibert.
- Magakian Jean-Louis y Marielle-Audrey Payaud. 2007. *100 fiches pour comprendre la stratégie de l'entreprise*. París: Breal.
- Mayrhofer, Ulrike. 2004. *Marketing international*. París: Économica.
- de Melo Jaime y Jean-Marie Grether. 2000. *Commerce International. Théories et applications*. Bruselas: Universidad de De Boeck.
- Prime Nathalie y Jean-Claude Usunier. 2004. *Marketing international. Développement des marchés et management multiculturel*. París: Vuibert.
- Rogers, Everett M. 2003. *Diffusion of Innovations*, 5.ª edición. Nueva York: Free Press.

- Vandercammen, Marc. 2007. *Marketing. L'essentiel pour comprendre, décider, agir.* Bruselas: De Boeck.
- Vernon, Raymond. 1966. "International Investments and International Trade in the Product Life Cycle". *Quarterly Journal of Economics.* Cambridge.

FUENTES COMPLEMENTARIAS

- *Alternatives économiques.* Consultado el 17 de noviembre de 2014. http://www.alternatives-economiques.fr/
- *Le dico du commerce international.* Consultado el 17 de noviembre de 2014. http://www.glossaire-international. com/

¡APRENDER
NUNCA ANTES FUE
TAN RÁPIDO!

www.en50minutos.es

ISBN ebook: 9782806276537

ISBN papel: 9782806285607

Depósito legal: D/2016/12603/496

Libro realizado por Primento*, el socio digital de los editores*